Lectures ELI Juniors A2

W0372849

Les Lectures ELI présentent une gamme complète de publications allant des histoires contemporaines et captivantes aux émotions éternelles des grands classiques. Elles s'adressent aux lecteurs de tout âge et sont divisées en trois collections : Lectures ELI Poussins, Lectures ELI Juniors, Lectures ELI Seniors. En dehors de la qualité éditoriale, les Lectures ELI fournissent un support didactique facile à gérer et capturent l'attention des lecteurs avec des illustrations ayant un fort impact artistique et visuel.

FSC
www.fsc.org
MIXTE
Papier issu de sources responsables
FSC® C127663

La certification du Conseil de la bonne gestion forestière ou FSC™ certifie que les coupes forestières pour la production du papier utilisé pour ces publications ont été effectuées de manière responsable grâce à des pratiques forestières respectueuses de l'environnement.

ECO-LIBRIS
www.ecolibris.net

Cette collection de lectures choisies et graduées = 5000 arbres plantés.

DOMITILLE HATUEL

LE FANTÔME DES TUILERIES

Illustrations de Luciana Leone

Lectures ELI Juniors

PIERRE BORDAS ET FILS

Domitille Hatuel
Le fantôme des Tuileries
Illustrations de Luciana Leone

Lectures ELI
Création de la collection et coordination éditoriale
Paola Accattoli, Grazia Ancillani, Daniele Garbuglia (Directeur artistique)

Mise en page
Emilia Coari

Responsable de production
Francesco Capitano

Crédits photographiques
Shutterstock

B.P. 6 – 62019 Recanati – Italie
Tél. +39 071 750701
Fax +39 071 977851
info@elionline.com
www.elionline.com

Fonte utilisée 13 / 18 points Monotype Dante

Achevé d'imprimer en Italie par Tecnostampa – Pigini Group Printing Division – Loreto, Trevi
ERT 279.01
ISBN 978-88-536-3963-9

Première édition Février 2023

www.eligradedreaders.com

Sommaire

6	Les personnages principaux	
8	Activités	
10	Chapitre 1	**Les tableaux**
18	Activités	
20	Chapitre 2	**L'anniversaire**
28	Activités	
30	Chapitre 3	**Au jardin des Tuileries**
37	Activités	
40	Chapitre 4	**Une soirée spéciale**
48	Activités	
50	Chapitre 5	**Le fantôme**
56	Activités	
58	Gros Plan	**Légendes et phénomènes étranges à Paris**
60	Gros Plan	**Les musées Parisiens**
62	Faisons le point !	
63	Contenus	

Les parties de l'histoire enregistrées sur le CD sont signalées par les symboles qui suivent :

Début ▶ **Fin** ■

Les personnages principaux

- ELIAS -
- LILY -
- AMANDA -
- ESTER -
- AMAR -

Activités de pré-lecture

Compréhension

1 Lis le texte et associe la photo qui correspond à la description.

Le Jardin des Tuileries se situe dans le centre de Paris. Il sépare le musée du Louvre de la place de la Concorde. Il s'agit d'un grand parc. Son nom vient des fabriques de tuiles* qui se situaient dans ce lieu à l'époque de la reine Catherine de Médicis. Ici, la reine fait édifier un palais en 1564. Ce palais n'existe plus aujourd'hui. C'est André Le Nôtre, le célèbre jardinier* du roi, qui donne son aspect au parc à partir de 1664 : c'est un jardin à la française où il est agréable de se promener. Il y a deux beaux bassins. Deux musées se situent aussi dans ce jardin : le musée de l'Orangerie qui abrite des œuvres de Claude Monet et le musée du Jeu de Paume.

1

....

2

....

3

....

La tuile : pièce d'argile qui sert à couvrir les toits **Le jardinier :** personne qui s'occupe d'un jardin

2 Complète les phrases avec les mots donnés.

sportives • excursion • musées • élèves • découvrir • connaissances • classe • sorties scolaires

En France, il est fréquent que les **1** .... d'un établissement scolaire participent à des **2** .... ou des voyages scolaires. Il s'agit d'une **3** .... ou d'un voyage organisé pour une **4** .... dans le but d'apprendre quelque chose hors de l'école. Ces sorties permettent de **5** .... de nouveaux lieux : **6** .... , châteaux, villes, milieux naturels comme des réserves naturelles, des parcs, des forêts, des zoos, ou des côtes maritimes. Ces sorties visent à améliorer les **7** .... culturelles, linguistiques et parfois aussi **8** .... des élèves.

Vocabulaire

3 Observe les illustrations des page 6-7 et coche les bonnes réponses dans le tableau.

Les caractéristiques	**Les personnages**			
	Lucie 	**Amar** 	**Amanda** 	**Sam** 
1 Elle a les cheveux courts et bouclés.				
2 Elle a les cheveux bleus.				
3 Il est brun et dessine.				
4 Il a les cheveux longs et porte des baskets rouges.				
5 Elle porte un pull et des chaussures jaunes.				
6 Elle a un sac à dos rouge.				
7 Il porte un jean troué.				
8 Elle a des chaussures noires.				

Chapitre 1

Les tableaux

2 Aujourd'hui, vendredi 20 octobre, je suis en sortie scolaire avec toute ma classe et notre prof d'art, Madame Valette. Je suis en seconde. Je m'appelle Lucie et j'écris mon journal. C'est une décision récente car j'ai besoin de raconter mes journées. Cette sortie clôture* le début d'année parce que ce soir les vacances de la Toussaint* commencent. Je suis contente !

La prof nous emmène au musée de l'Orangerie pour admirer les célèbres Nymphéas de Monet. J'avais vu des images, mais je n'étais jamais allée dans ce musée. Pourtant, je suis parisienne. Cette œuvre immense de Monet est sublime. En fixant le tableau, j'ai l'impression que l'eau bouge, qu'il y a de l'air et je sens presque l'odeur de l'eau et de la terre. J'ai une étrange sensation comme être connectée avec la nature. En sortant, Madame Valette nous raconte des anecdotes sur le jardin des Tuileries :

Clôturer : mettre fin

La Toussaint : fête qui commémore les morts la nuit du 31 octobre au 1er novembre

« Ici, la reine Catherine de Médicis fait tuer un boucher*… » Je n'écoute pas, elle parle d'un fantôme. J'entends qu'elle dit : « Jean, le boucher, promet de revenir. Plus tard, on voit des formes rouges dans le ciel. » J'arrête d'écouter parce que les histoires qui font peur ne m'intéressent pas et je n'y crois pas. Ce qui m'intéresse en ce moment, c'est Elias. Il est dans ma classe, il est grand, brun et tellement beau. J'ai presque honte, comme quand on a 12 ans. Non, j'ai 15 ans maintenant ! Je suis avec mes trois copines, Lily, Amanda et Ester. On rit beaucoup ensemble. Elles restent avec moi et on observe Elias et ses amis.

– Toi, tu es amoureuse d'Elias parce qu'il est beau, mais il est peut-être idiot, dit Ester.

– Peut-être, mais je crois qu'il aime l'art, je réponds.

– Et alors ?

– Moi j'adore l'art.

– Celui qui aime vraiment l'art, c'est Amar, ajoute Amanda.

– Oui, mais avec Amar, c'est pas pareil.

Le boucher : personne qui coupe la viande afin de la vendre pour la manger

En effet, Amar, c'est un copain. Il est tellement drôle et il dessine trop bien. Mais, mon cœur bat pour Elias : dès que je le vois, je veux rester avec lui. Mais, il y a beaucoup de mais… on ne se parle presque pas. Je ne suis pas sûre de l'intéresser. Tout ça pour dire que je n'écoute pas Madame Valette et ses histoires… Je préfère mes histoires de copains, copines !

Après la visite, on passe devant une galerie d'art contemporain et mon regard est attiré par la vitrine. Je m'arrête avec Amar. Mes yeux notent tous les détails d'un tableau particulier : un petit garçon se tient debout devant un mur en briques à côté d'une vitrine de magasin et une main rouge avance vers lui. En regardant bien, on voit que le petit garçon pleure et que la main est couverte de sang. Dans l'obscurité derrière, je suis sûre qu'il y a un homme avec une tête de cadavre. Maintenant, cette image me hante*. Je suis chez moi et je suis seule. Mon père va rentrer tard ce soir, il a prévenu*. Mon père est hyper cool, mais

Hanter : obséder, faire peur

Prévenir : dire à l'avance

Musée de l'Orang

il travaille souvent le soir : il est technicien dans le théâtre. Il arrive qu'il m'emmène sur les plateaux* pour voir les décors*, observer comment ça se passe derrière et assister aussi aux spectacles. J'adore ! Mais, ce soir il n'est pas là. Ma mère, elle est absente. Elle est en voyage pour son travail, mais de toute façon, mes parents vont se séparer. C'est certain. Ils se disputent* tout le temps. Ça me rend triste. Pour l'instant, ils habitent encore ensemble, mais c'est compliqué. Heureusement, il y a Sam : c'est mon petit frère. Il a 12 ans et il est au collège. Au moins, on est tous les deux. D'ailleurs, il n'est pas encore revenu. Il doit être à son cours de guitare.

En bref, je suis seule. Et je repense à ce tableau. Je prends mon carnet et j'essaie de reproduire mes souvenirs : le petit garçon, les larmes, la main, les gouttes de sang, le mur… Et tout se mélange : les fleurs de Monet, le petit garçon, le musée de l'Orangerie. Je sens comme un courant d'air et je tremble. J'entends un bruit et je sursaute* :

– Salut ! C'est moi !

Le plateau (de théâtre) **:** scène d'un théâtre
Le décor : cadre où se passe une action
Se disputer : ne pas être d'accord
Sursauter : faire un saut à cause d'une émotion forte

C'est Sam qui revient de son cours de guitare.

– Papa est là ?

– Non, il travaille. Il va rentrer tard.

– Ah… Tu viens avec moi demain. Je dois m'acheter des baskets.

– Demain, c'est samedi et je fais un babysitting.

– Ah… Sam est déçu*.

– Demande à papa de t'accompagner.

– Je préfère tes goûts ou ceux de maman…

– Allez, Sam, arrête. Pour des baskets, tu peux y aller avec papa.

Je sens que mon frère est inquiet en ce moment et il est en colère après mon père. Alors, j'essaie de le distraire :

– En fait demain, j'aide les parents de Maya : c'est son anniversaire. Il y a quinze enfants invités ! C'est beaucoup ! Ça va être une sacrée journée.

Sam ne répond pas.

J'aime bien garder les enfants : ils sont sympas, je joue avec eux et je gagne de l'argent. C'est facile quand c'est le soir car les enfants dorment vite, mais demain c'est l'après-midi. Une fête déguisée

être déçu : être insatisfait

sur le thème d'Halloween. Drôle d'idée pour une petite fille de 8 ans, non ? Ces histoires d'horreur… moi je n'aime pas trop.

Compréhension

1 Vrai (V) ou faux (F) ? Coche les bonnes réponses.

		V	F
	Lucie fait une sortie scolaire avec sa classe.	☑	☐
1	La classe va admirer les Nymphéas de Monet.	☐	☐
2	Le musée s'appelle les Tuileries.	☐	☐
3	La prof raconte une anecdote sur un fantôme.	☐	☐
4	Lucie est intéressée par le discours de la prof.	☐	☐
5	Lucie est amoureuse de Amar.	☐	☐
6	Lucie aime beaucoup l'art.	☐	☐
7	Dans une vitrine d'une galerie d'art Lucie voit un tableau qui représente des nymphéas.	☐	☐
8	Le tableau de la galerie fait peur.	☐	☐

2 Complète les phrases avec les mots donnés.

15 ans • mère • fille • Ses parents
Paris • frère • 12 ans • père

Lucie est une **1** .... Elle a **2** .... Elle a un petit **3** .... : il s'appelle Sam et il a **4** .... **5** .... vont se séparer. Ils se disputent tout le temps. Le **6** .... de Lucie est cool, mais il travaille souvent le soir. Sa **7** .... est absente en ce moment. Ils habitent à **8** ....

Vocabulaire

3 Les émotions. Écris sous chaque photo une légende à l'aide des mots donnés.

la tristesse • l'inquiétude • l'amitié • l'amour
la colère • la déception • la joie • la honte

1

....

2

....

3

....

4

....

5

....

6

....

7

....

8

....

Grammaire

4 Transforme les phrases au féminin.

Le prof est content. → *La prof est contente.*

1 C'est un nouveau garçon. → ....

2 Il est grand. → ....

3 Cet homme est si beau. → ....

4 Il est brun. → ....

5 Il est peut-être idiot. → ....

Production écrite – DELF

5 Vous allez participer à un voyage scolaire en France. Vous devez vous présenter à votre famille d'accueil. Vous vous décrivez physiquement et vous parlez de votre famille.

....

....

....

Chapitre 2

L'anniversaire

3 Un petit garçon court. Il fuit quelque chose, mais je ne vois pas quoi. Il a peur et il pleure. Il court encore et arrive à une étendue d'eau recouverte de nymphéas. Les plantes se mettent à grandir, grandir et se transforment en main couvertes de sang. Un vent glacial souffle et un grand bruit retentit. Je hurle !

– Ah ! Au secours !

– Arrête !

C'est la voix de mon frère. J'ouvre les yeux. Je suis dans mon lit :

– Ouf, je suis ici. J'ai fait un cauchemar*.

– Je t'entends ! Stop ! Moi je dors, répond mon frère d'une voix endormie.

On dort dans la même chambre, dans des lits superposés*. Je suis en haut, je touche le plafond*. Dans cette ville, les appartements sont chers et petits, sauf si on est très riche ! Alors, je partage* ma chambre avec mon petit

Le cauchemar : le mauvais rêve
Les lits superposés : deux lits un sur l'autre
Le plafond : partie haute d'une pièce
Partager : diviser

frère. Moi, j'aimerais un espace pour moi seule pour pouvoir écouter ma musique et dessiner tranquillement. Et Sam aussi, il voudrait pouvoir jouer de la guitare quand il veut. Mais, on ne peut pas. Et si nos parents se séparent, ça va être encore plus compliqué. Je ne veux pas imaginer comment on va s'organiser entre nos parents… Mais, je dois dire que c'est aussi sympa d'être deux dans la chambre parce que je suis très peureuse et la présence de Sam me rassure. Mais, c'est quoi ce cauchemar, ces mains couvertes de sang ? Quelle angoisse ! Je me remets sous ma couette*, mais je n'arrive plus à fermer les yeux jusqu'au matin.

Vers huit heures, je rentre dans la cuisine. Mon père est là. Il boit un café :

– Bonjour ma chérie. Tu vas bien ?

Je prépare mes céréales et mon père parle :

– Tu as aimé la sortie hier au musée ?

– Oui, superbe visite de l'Orangerie.

– Vous avez eu droit à l'histoire du fantôme des Tuileries ?

La couette : sorte de couverture en plumes

Chapitre 2

Mon téléphone portable sonne et interrompt la conversation :

– Attends, papa. Je dois répondre, c'est maman.

Je sors de la pièce pour répondre. On discute un peu. Ma mère est en séminaire à Bordeaux et elle revient dans trois jours. Je lui raconte mon programme de la journée :

– Cette après-midi, je vais aider les parents de Maya pour son anniversaire. Ils font une grande fête.

– C'est super ma chérie ! Je suis fière de toi. Tu es sérieuse.

Elle continue :

– Et avec papa, ça va ?

– Oui, oui…

Je n'aime pas parler de mon père à ma mère en ce moment. La situation est tellement tendue. Ensuite, je m'installe à mon bureau pour dessiner et écouter de la musique.

Vers quinze heures, je vais chez Maya. Ses parents habitent le long des quais de la Seine dans un

immense appartement. C'est un immeuble de famille de collectionneurs d'art. On dirait un musée ou un cabinet de curiosités. Tous les murs sont recouverts d'œuvres. J'aime bien garder Maya : elle est gentille et ses parents sont sympas et généreux. Quand j'arrive, je suis étonnée par le décor. Il y a des toiles d'araignée* partout, des bols en forme de crâne, des taches de sang, des figurines terrifiantes… bref, l'appartement est transformé en manoir de la terreur. Maya me saute au cou quand elle me voit. Elle porte une robe de sorcière et m'impose un costume de vampire. La fête commence. Il y a quinze enfants au total. Tout est bien organisé : des jeux de piste, une chasse au trésor… Je suis vite fatiguée à cause de ma mauvaise nuit de sommeil. À la fin de la journée, je vais dans la salle de bains pour me changer. Je passe dans un couloir et là je suis prise de frissons*: un courant d'air glacial souffle entre les murs. Un tableau se décroche et tombe par terre. J'ai l'impression que des yeux me regardent et je vois passer au bout du couloir une

La toile d'araignée : piège en soie fabriqué par les araignées pour capturer leurs proies

Le frisson : contraction de la peau et sensation de froid

ombre rouge. J'ai peur. Je regarde autour de moi : il n'y a rien. Je me raisonne. Il doit y avoir une fenêtre ouverte et un enfant qui court encore dans l'appartement.

Je quitte l'appartement épuisée. Quand je me retrouve dans la ruc, il fait nuit. J'essaie de téléphoner à Lily, Amanda ou Ester, mais personne ne répond. J'appelle Amar.

– Ça va ? Tu as fini la fête de la petite ?

– Oui, la fête est terminée. Je suis épuisée. La journée a été longue. En plus, j'ai besoin de dormir. Je vois des choses étranges. J'ai un peu peur.

– Que t'arrive-t-il ?

– Je ne sais pas. J'ai vu des taches de sang par terre chez Maya et un tableau est tombé comme ça devant moi.

– Lucie ! Arrête ! Tu es fatiguée. Tu as dormi cette nuit ?

Amar sait que je fais des cauchemars en ce moment. Il connait bien ma situation familiale. Il a vécu la même l'année dernière avec ses parents.

HALLOWEEN

Chapitre 2

Il sait me rassurer. Je passe par le jardin des Tuileries pour prendre le métro. Quand je raccroche*, un vent glacial se met à souffler et me pousse. Je tombe sur les graviers* et en me relevant, je jure que j'ai vu une forme rouge s'élever vers le ciel. En plus, j'entends des pleurs. J'ai peur : je regarde autour de moi et ne vois rien. Je me mets à courir jusqu'au métro. Essoufflée et terrifiée, je m'assois dans le compartiment. Quand les battements de mon cœur ralentissent, je lève le visage et regarde autour de moi. Le cauchemar continue : les gens sont tous tristes, un enfant pleure, un homme me regarde en souriant : il n'a plus de dent. Un autre ne porte que des vêtements usés et déchirés. C'est un mort-vivant, c'est certain. Je me lève d'un bond et sors. Il y a tellement de monde dans les couloirs du métro ! J'arrive à peine à avancer. J'ai l'impression que tout le monde veut me toucher. C'est affreux ! Je ne sais pas comment j'arrive chez moi. Enfin quand j'ouvre la porte, je me jette sur le canapé.

Raccrocher : couper le téléphone
Le gravier : petit caillou

Activités

Vocabulaire

1 Associe chaque mot à l'image correspondante.

☐ le lit superposé • ☐ le tapis • ☐ le bureau
☐ la chaise • ☐ le coussin • ☐ la couette • ☐ l'étagère
☐ la lampe • ☐ la fenêtre

Compréhension

2 Remets les phrases du chapitre dans l'ordre chronologique

a ☐ Un vent glacial se met à souffler et me pousse
b ☐ Vers quinze heures, je vais chez Maya.
c ☐ Je ne sais pas comment j'arrive chez moi.
d ☐ J'ai fait un cauchemar.
e ☐ Quand j'arrive, je suis étonnée par le décor.
f ☐ Il connait bien ma situation familiale.

g ☐ La fête commence.
h ☐ J'appelle Amar.
i ☐ Je passe dans un couloir et là je suis prise de frissons.
j ☐ Un petit garçon court.
k [1] J'ai l'impression que tout le monde veut me toucher.
l ☐ Quand je me retrouve dans la rue, il fait nuit.
m ☐ Je me mets à courir jusqu'au métro.

Grammaire

3 Écris les phrases au conditionnel présent.

Je (vouloir) ....*voudrais*.... une grande chambre.

1 Elle (aimer) .... voir ses amies.
2 Tu (souhaiter) .... jouer de la guitare.
3 Nous (vouloir) .... aller à la fête.
4 Vous (adorer) .... voir cette exposition.
5 Ils (vouloir) .... partir en séminaire.
6 Il (pouvoir) .... venir chez elle.

4 Complète les phrases avec un gérondif.

Lucie a peur et elle part (courir) ...*en courant*... .

1 Un homme regarde Lucie (sourire) ....
2 Son père parle (préparer) .... un café.
3 Elle dessine (écouter) .... de la musique.
4 (Regarder) .... par la fenêtre, elle voit la lune.
5 L'enfant court (pleurer) ....

Production

5 Décris en quelques mots ta chambre actuelle et la chambre de tes rêves.

Chapitre 3

Au jardin des Tuileries

4 J'essaie de me reposer. Quand mon père m'a vue hier soir il a eu peur. J'étais en sueur et complètement terrifiée. Il veut que j'aille chez un psychologue pour parler de mes inquiétudes. Moi, je sais ce qui ne va pas : je ne veux pas que mes parents se séparent. C'est simple ! En plus, mon père dit que j'ai de la fièvre et que je suis malade. Je n'ose pas lui raconter ce que j'ai vu hier soir sinon il va refuser que je sorte. Or j'ai prévu de faire la fête avec mes copains.

J'invite Amanda, Ester et Lily à la maison. On discute de tout et surtout de Elias.

– Tu sais qu'il sera à la fête de Ronan.

– Tu es sûre ? je demande à Ester.

Ester sait tout ! Elle connait des personnes de la classe depuis le collège ! Et en plus, elle arrive à obtenir des informations parce qu'elle est sympathique et qu'elle ose poser des questions.

Mais, elle répète :

– Ce garçon n'est pas pour toi. Ouvre les yeux ! Tu as Amar !

– Mais non ! Amar est un ami. Je répète toujours cette phrase. Et je change de sujet :

– Et au fait, hier j'avais bien les yeux ouverts quand j'ai vu l'ombre rouge, que j'ai senti le vent glacial, que les tableaux ont bougé…

Je vois Amanda qui devient pâle :

– Qu'est-ce que tu as ?

– Je dois vous dire la vérité : moi aussi, j'ai vu une ombre rouge un soir au jardin des Tuileries, avoue mon amie.

– Ah bon ? Et alors ?

– Alors, j'ai vu cette ombre, mais surtout j'ai l'impression qu'il y avait du sang.

– Moi aussi !

Ester et Lily nous coupent la parole* :

– Arrêtez les filles, vous faites peur ! Ce n'est pas possible, les fantômes n'existent pas.

On discute un moment et finalement on prend une décision : on retourne devant le musée de l'Orangerie pour vérifier.

Couper la parole : interrompre

Chapitre 3

Il est seize heures. Il y a beaucoup d'enfants dans le parc : ils jouent, courent, se cachent*. On regarde partout, mais on ne voit rien. L'ambiance est joyeuse. Alors, on commence à se moquer* :

– Les fantômes c'est sûr, ils n'existent pas.

– Les fantômes font peur aux peureux, c'est tout !

Et voilà, on rit beaucoup ! On essaie même de se faire des frayeurs* en criant dans le parc comme les enfants. Quand on se calme enfin, on décide de s'acheter à manger et je propose :

– On achète des gaufres ou des crêpes, les filles ?

– Bonne idée !

On se dirige vers le stand du parc pour commander quand subitement, un vent glacial se met à souffler et emporte tout : le sable du sol se met à voler et on se retrouve avec de la poussière dans les yeux. Je ne vois plus rien et j'ai très froid. Les yeux à peine ouverts je cherche mes amies et là dans un nuage de poussière je suis certaine de voir encore une fois l'ombre rouge. Je panique. Je suis complètement affolée et j'essaie de montrer

Se cacher : jouer à ne pas se faire voir

Se moquer : rire de

La frayeur : la peur

Crêpes et Gaufres

à Lily qui est à côté de moi ce que je vois. Mais, il y a trop de vent et Lily n'arrive pas à garder les yeux ouverts. Le ciel devient très sombre tout à coup. On regarde autour de nous. Le jardin est vide. Il n'y a plus un seul enfant, ni de touriste. Nous sommes seules dans cet immense parc. L'obscurité a pris la place de la lumière et de violents éclairs éclatent dans le ciel. Sans dire un mot, nous nous précipitons vers la sortie du parc. On passe devant le musée de l'Orangerie et je suis sûre de voir des mains couvertes de sang devant les fenêtres. Je ne dis rien à mes amies parce que je suis terrifiée. On descend vite dans la bouche du métro. On reste bien collées ensemble : autour de nous, les gens ont tous l'air surpris par cette météo. Tout le monde est mouillé* et une drôle d'odeur plane autour de nous.

Je quitte mes amies dans un état pas normal du tout. Je rentre enfin chez moi. Je téléphone à Amar. Il va pouvoir me réconforter. Je commence à lui raconter notre aventure dans le parc, mais dehors l'orage s'intensifie et la ligne de mon

Être mouillé : être couvert d'eau

Crepes et Gaufres

téléphone coupe. Je suis énervée et angoissée. J'essaie d'appeler mon père, c'est pareil, pas de réseau ! Je vais me réfugier dans ma chambre. Sur mon bureau, le dessin que j'ai fait hier avec l'enfant qui pleure est là. Mais, je pousse un cri d'horreur. L'enfant pleure pour de vrai. C'est pas possible, je dois faire un cauchemar et je vais me réveiller. Mais non : le dessin est réellement mouillé !

Activités

Compréhension

1 Réponds aux questions.

Pourquoi le père de Lucie a eu peur ?
Parce que Lucie était terrifiée et en sueur.

1 Que devrait faire Lucie selon son père ?

....

2 Comment Ester arrive-t-elle à obtenir des informations ?

....

3 Qu'avoue Amanda ?

....

4 Que décident de faire les filles ?

....

5 Comment est l'ambiance dans le parc au début ?

....

6 Que passe-t-il tout à coup ?

....

2 Associe pour former des phrases.

1 ☐ Le sable du sol se met à voler et
2 ☐ Dans un nuage de poussière
3 ☐ Mais, il y a trop de vent et
4 ☐ L'obscurité a pris la place de la lumière et
5 ☐ Je ne dis rien à mes amies parce que
6 ☐ Dehors l'orage s'intensifie et

a de violents éclairs éclatent dans le ciel.
b je suis terrifiée.
c on se retrouve avec de la poussière dans les yeux.
d Lily n'arrive pas à garder les yeux ouverts.
e la ligne de mon téléphone coupe.
f je suis certaine de voir encore une fois l'ombre rouge.

Vocabulaire

3 Écris une phrase sous chaque image en t'aidant des mots donnés.

le nuage • la pluie • l'orage
le soleil • le vent • l'inondation

1

....
....

2

....
....

3

....
....

4

....
....

5

....
....

6

....
....

Grammaire

4 Conjugue les verbes au passé composé.

Il (avoir) ...*a eu*... peur.

1 Elle (voir) .... une ombre rouge.
2 Nous (partir) .... au Jardin des Tuileries.
3 Vous (vouloir) .... acheter des crêpes.
4 Elles (discuter) .... longtemps.
5 Tu (aller) .... à une fête samedi.
6 La pluie (tomber) .... toute la nuit.

5 **Indique si les verbes sont conjugués au conditionnel (C) ou au futur (F).**

		C	F
	Je voudrais avoir une chambre pour moi seule.	☑	☐
1	Elle devrait parler avec un psychologue.	☐	☐
2	Nous devrons retourner au jardin des Tuileries.	☐	☐
3	Tu aimeras ce musée, c'est certain.	☐	☐
4	Il souhaiterait jouer du piano.	☐	☐
5	Je serai chez toi à seize heures.	☐	☐
6	Je serais contente d'aller au parc.	☐	☐

Production – DELF

6 **Tu as reçu une invitation pour une fête de famille. Tes cousins organisent un pique-nique. Tu acceptes et dis que tu viendras. Tu poses des questions sur l'organisation. (60 mots).**

....

....

....

....

....

Chapitre 4

Une soirée spéciale

5 Mon père arrive et je pleure.

– Que se passe-t-il ma chérie ?

– Je vois des phénomènes étranges.

– Explique-moi.

– Je vois un petit garçon qui pleure et aussi une forme rouge et du sang.

Je parle vite et je suis sans souffle. Mon père me regarde inquiet et dit :

– Je pense que la situation actuelle est compliquée pour toi et ton frère.

Je ne réponds plus. Mais, il continue :

– Tu veux que je te divertisse un peu ? Je peux te raconter ce que je fais en ce moment. Tu aimes bien savoir.

– Oui, mais là non.

– Pourtant c'est intéressant. C'est Halloween et…

Mon père a raison : j'adore écouter ses histoires de théâtre, les mises en scène et la lumière. Je lui demande souvent de l'accompagner pour voir. Mais, aujourd'hui, je n'ai pas envie. Je suis fatiguée.

Chapitre 4

Mon téléphone me sauve en sonnant :

– Excuse-moi papa, je dois répondre. C'est Lily.

Mon père sort de la cuisine. Malgré ma fatigue, je bavarde avec ma copine : on veut s'organiser pour la fête chez Ronan.

– Au fait, tu n'oublies pas le dress code ce soir !

Mais, notre conversation est interrompue par un bip :

– Attends, j'ai un double appel. Je raccroche. C'est la maman de Maya :

– Excuse-moi Lucie de te solliciter au dernier moment. Mais, j'ai besoin de toi ce soir.

– Oh… je suis désolée… ce soir je suis invitée à une fête.

– S'il te plait, insiste la mère. On ne rentrera pas tard. J'ai vraiment besoin de toi.

Je ne peux pas refuser. Ces gens me font beaucoup travailler et j'ai besoin d'avoir de l'argent. Je décide de rejoindre mes amis plus tard. Mais, avant, je me repose. J'essaie d'oublier mes soucis* et je veux dormir pour faire passer un mal de tête soudain*.

Le souci : le problème

Soudain : à l'improviste

Il est 19h30 quand j'arrive chez Maya. Ses parents me promettent qu'ils vont rentrer à 21h30. Ils sont seulement invités à un apéritif. Moi, ça me laisse le temps d'aller quand même à ma fête. J'ai l'autorisation de minuit. C'est la première fois que ça arrive. Il faut vraiment que mes parents se séparent pour avoir des privilèges pareils !

Maya m'attend : elle est toute contente de passer la soirée avec moi. Je joue avec elle, je la fais dîner, lui lis une histoire et la mets au lit. Il est presque vingt-et-une heures : je suis contente parce que je vais bientôt pouvoir retrouver mes amis. Je m'installe devant une fenêtre qui donne sur la Seine et téléphone à Lily.

– Salut, alors tu as fini ?

– Non, mais les parents de Maya vont rentrer dans pas longtemps. Vous m'attendez sur le pont de la Concorde comme prévu ?

– Oui, ne t'inquiète pas. On sera là !

En parlant, j'observe le ciel et vois des éclairs au loin. Le ciel se fend d'une lumière et un bruit sourd éclate au loin. Je continue à parler à Lily :

– Oh là là, il y a un orage qui arrive !

Le tonnerre commence à tonner et la pluie se met à tomber. La pluie se transforme en grêle. Le bruit est terrible et je n'entends plus la voix de mon amie. Je raccroche et m'installe sur un fauteuil avec mon téléphone. Tout à coup, j'entends un bruit : il provient d'une pièce à côté. Je ne sais pas pourquoi je vais voir… moi qui suis si peureuse qu'est-ce qui me prend ? Je me retrouve sur le seuil* de la pièce qui sert de bureau : cette pièce dont les murs sont couverts de tableaux et les étagères remplies d'œuvres d'art. Ce que je vois est horrible. Tous les tableaux sont animés. Les personnages marchent ou dansent, l'eau coule, les nuages bougent… Et il me semble que les sculptures en bois ou en pierre descendent des étagères. Je hurle d'effroi*. Heureusement que l'appartement est grand et que je ne réveille pas Maya. Je veux téléphoner, mais il n'y a plus de réseau. Je regarde par la fenêtre : la pluie ne

Le seuil : l'entrée

L'effroi : la peur

s'arrête pas et il me semble voir des vagues sur la Seine. Je n'ai jamais vu une chose pareille. Au loin, je vois encore cette ombre rouge. Je suis inquiète : c'est cette ombre rouge qui me poursuit. Elle ressemble à un fantôme. Voilà c'est ça ! C'est toujours ce maudit fantôme ! Je ne me sens pas bien. Mon mal de tête revient violemment et je sens que j'ai des sueurs chaudes. Je m'allonge sur le canapé.

Je m'endors et je suis réveillée par les voix des parents de Maya. Je regarde l'heure : il est vingt-trois heures.

– Oh non ! C'est pas possible ! La fête ! Voilà les premiers mots que je prononce quand j'ouvre les yeux.

– Lucie, doucement, dit la maman de Maya. Ne t'inquiète pas. Je crois que tu es malade. Tu as de la fièvre.

– Mais, je dois retrouver mes amis !

– Ton ami Amar est là.

– Comment ?

En effet, près de la porte d'entrée, je vois Amar. Il porte des vêtements déchirés et ses cheveux sont mouillés. Je suis effrayée :

– Que fais-tu ici ?

– C'est une longue histoire, me répond mon ami. L'orage a été très violent, la Seine a débordé. Je suis venu te chercher.

Compréhension

1 Complète le résumé avec les mots donnés.

personnages • terrible • pleure • Seine
angoisses • garder • fête • téléphone • orage • bruit
fièvre • rassurer • soirée • fantôme

Lucie **1** .... et son père essaie de la **2** .... Mais, Lucie n'a pas envie de raconter ses **3** .... Elle préfère bavarder avec Lily et organiser la **4** .... Or, la maman de Maya a besoin d'elle pour **5** .... la petite fille. Les parents promettent de rentrer tôt comme ça Lucie pourra aller à sa **6** .... Mais, un violent **7** .... éclate. Le **8** .... est coupé. Lucie entend un **9** .... dans l'appartement et elle voit des choses étranges : les **10** .... des tableaux bougent, l'eau coule. Lucie hurle et voit l'ombre rouge d'un **11** .... Elle a peur, mais elle s'endort. Les parents de Maya la réveille. Elle a de la **12** ....
Amar vient la chercher. Dehors, il y a eu un orage **13** .... et la **14** .... a débordé.

2 Coche les bonnes réponses.

1 Quels phénomènes voit Lucie ?

- **A** ☐ Elle voit des ombres noires.
- **B** ☐ Elle voit une ombre rouge.
- **C** ☐ Elle voit son père et sa mère qui pleurent

2 De quelle situation parle le père de Lucie ?

- **A** ☐ Il parle de la séparation avec la mère de Lucie.
- **B** ☐ Il parle de son travail difficile en ce moment.
- **C** ☐ Il parle des problèmes de Sam.

3 Que veut raconter le père de Lucie ?

A ☐ Il veut parler de la mère de Lucie.
B ☐ Il veut raconter son histoire à un psychologue.
C ☐ Il veut raconter ce qu'il fait en ce moment.

4 Qu'est-ce qu'un dress code ?

A ☐ C'est un code pour aller à une soirée.
B ☐ C'est une robe spéciale pour une soirée.
C ☐ C'est le code vestimentaire pour une situation précise.

5 Que signifie avoir un double appel ?

A ☐ C'est un appel qui a lieu en même temps qu'une conversation téléphonique.
B ☐ C'est un appel qu'il faut faire après un premier appel.
C ☐ C'est un appel à trois personnes en même temps.

6 Que signifie avoir l'autorisation de minuit ?

A ☐ Lucie peut rentrer à minuit.
B ☐ Lucie a une autorisation pour sortir toute la nuit.
C ☐ Lucie doit rentrer avant minuit.

Vocabulaire

3 Associe chaque mot à sa définition.

1 ☐	la fièvre	**a**	douleur au crâne
2 ☐	la fatigue	**b**	température du corps élevée
3 ☐	le mal de tête	**c**	personne qui soigne les malades
4 ☐	le médicament	**d**	manque d'énergie
5 ☐	l'hôpital	**e**	lieu où l'on va pour se faire soigner
6 ☐	le médecin	**f**	produit qui soigne

Production – DELF

4 Tu es malade. Envoie un message à un ami pour raconter ta maladie.

Chapitre 5

Le fantôme

6 Je suis dans mon lit. J'ai chaud et j'ai froid. Je suis malade c'est certain. Amar est assis près de moi. Il me tient la main et me réconforte. J'entends sa voix qui me rassure.

– Le dress code, c'était Halloween, m'explique Amar. C'est pour cela qui je suis habillé comme ça.

Je suis un peu rassurée, mais pas totalement.

– Pourquoi je n'ai pas eu cette information ?

– Peut-être que tu n'as pas écouté ou pas entendu ?

Je change de sujet :

– J'ai vu un fantôme.

– De quoi tu parles ?

– Je suis certaine que c'est un fantôme. Il plane au-dessus du jardin des Tuileries. Il est rouge ! Et il veut me dire quelque chose.

– Oui, les fantômes reviennent pour dire des choses…

– Mais pourquoi à moi ?

– Je ne sais pas. Peut-être qu'en ce moment tu es sensible et donc disposée pour l'entendre…

– Mais, tu le connais ?

– Tu ne te souviens pas ? Pendant la visite au musée de l'Orangerie, Madame Valette a raconté l'histoire de ce fantôme.

– Non, je n'ai pas entendu.

– Oui, je sais. Tu préférais observer Elias avec tes copines. Je t'observais…

– Pourquoi ?

– Tu ne comprends pas ?

En fait, je viens de comprendre, mais je n'ose plus regarder mon ami. Je rougis.

On frappe à la porte à ce moment-là. C'est mon père.

– Papa, excuse-moi… . Je t'ai fait peur.

– Ne t'inquiète pas. Cette période est particulière et en plus tu es malade.

– J'ai vu un fantôme, papa.

Mon père commence à rire.

– Ah voilà !

– Tu ris ? Tu trouves que c'est normal ?

Chapitre 5

Je ne comprends rien.

– Mais, oui, ce n'est pas un vrai fantôme !

– Quoi ?

– Mais, oui. En ce moment je travaille sur un spectacle qui raconte l'histoire du jardin des Tuileries. Évidemment, la légende du fantôme rouge des Tuileries est racontée.

– Je ne peux pas le croire ! Alors, tout ça c'est une blague ?

– Je voulais te raconter hier, mais tu n'as pas voulu. Je te raconte maintenant ?

– Volontiers !

Mon père commence :

– Au XVIe siècle, en 1564, la Reine Catherine de Médicis fait tuer un homme qui s'appelle Jean. Son surnom est l'Écorcheur parce qu'il est boucher de métier. Son abattoir* se situe sur le site du futur palais de la reine, dans le jardin des Tuileries. Mécontent de devoir quitter les lieux, l'homme menace la reine de dévoiler certains secrets de la cour. Il est donc vite tué ! Avant de

L'abattoir : lieu où sont tués les animaux qui vont être mangés

mourir, il promet de revenir pour se venger. Et en effet, certaines personnes assurent l'avoir vu prédire la mort de la reine !

– Ah bon ? Alors j'ai vu quoi moi ?

– Tu as vu les essais de lumière que je fais en ce moment dans le jardin des Tuileries. C'est certainement ça. Allez, ma chérie, tu dois encore te reposer. Tu as la grippe et de la fièvre. Je te laisse avec Amar.

Mon père quitte ma chambre. Je reste avec mon ami. Je le regarde étonnée.

– Alors, tu as compris ? demande Amar.

– Oui… enfin, ce fantôme est réel pour moi.

– Non, je te parle de moi… de toi…

Amar s'approche de moi. Son visage est très proche du mien. Il veut m'embrasser :

– Non, Amar… je ne peux pas. Je me sens encore faible et confuse. Excuse-moi.

– Je comprends. Pas de problème !

***

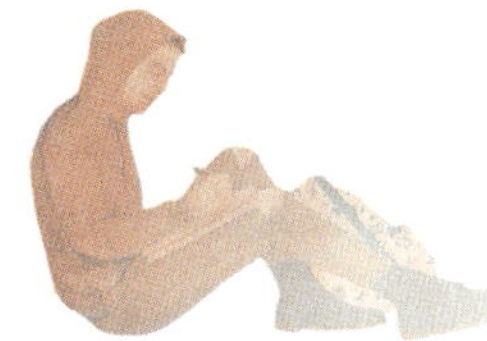

Nous sommes maintenant au mois de février. Ma mère est partie vivre dans un autre appartement. Je vais chez elle avec mon frère une semaine sur deux. Cette situation n'est pas facile pour nous, mais je vais devoir m'habituer comme tous les enfants de parents divorcés. Sam est toujours super avec moi. C'est un petit frère génial ! Je suis toujours peureuse à cause de l'histoire du fantôme des Tuileries. En plus, Amar dit que les fantômes ont des choses à dire. Je lui dis qu'il me parle pour rire et Amar commence à s'inquiéter de nouveau :

– Quoi ? Tu as revu le Fantôme ?

– Mais, non ! Je voulais voir ta tête !

On rit tous les deux.

– Cependant, il reste un phénomène que je n'explique pas… les larmes du petit garçon de mon dessin…

Pour rire Amar dit que c'est lui qui pleure parce que je ne veux pas être avec lui. Je dois dire que j'ai arrêté de fantasmer sur Elias. Elias est beau, c'est vrai, mais nous n'avons aucun goût en commun, alors qu'avec Amar... on a beaucoup de choses en commun… Notre histoire peut commencer.

Compréhension

1 Vrai ou faux ? Coche les bonnes réponses.

		V	F
	Amar est venu réconforter Lucie.	☑	☐
1	Le thème du dress code était Halloween.	☐	☐
2	Amar est habillé en fantôme.	☐	☐
3	Madame Valette a raconté une histoire de fantôme pendant la sortie scolaire.	☐	☐
4	Le père de Lucie est malade.	☐	☐
5	Il existe une légende de fantôme au jardin des Tuileries.	☐	☐
6	Lucie veut embrasser Amar.	☐	☐
7	Les parents de Lucie ne sont pas séparés.	☐	☐
8	Lucie ne fantasme plus sur Elias.	☐	☐

2 Coche les bonnes réponses.

1 Est-ce que Lucie a vu un vrai fantôme ?
- **A** ☐ Oui, il s'agit du fantôme des Tuileries.
- **B** ☐ Non, il s'agit d'un spectacle qui raconte l'histoire du fantôme des Tuileries.

2 Que doit comprendre Lucie par rapport à Amar ?
- **A** ☐ Amar est amoureux de Lucie.
- **B** ☐ Amar s'est habillé en fantôme.

3 Pourquoi le fantôme est apparu ?
- **A** ☐ Il est apparu pour se venger de la reine Catherine de Médicis.
- **B** ☐ Il est apparu pour faire peur aux parisiens.

4 Pourquoi Lucie est faible et confuse ?
- **A** ☐ Lucie est amoureuse.
- **B** ☐ Lucie a de la fièvre et vient à peine de comprendre la vérité.

5 Pourquoi la situation n'est pas facile pour Lucie et Sam ?

A ☐ Parce que les parents se sont séparés.

B ☐ Parce que Sam n'habite plus avec Lucie.

6 Qu'est-ce qui lie Lucie à Amar ?

A ☐ Ils ont tous les deux des parents séparés.

B ☐ Ils ont beaucoup de goûts en commun.

Lexique

3 Associe chaque image au métier correspondant.

1

2
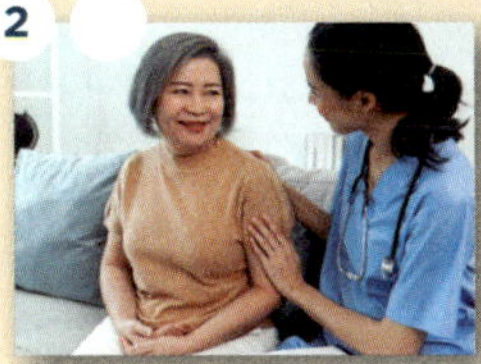

3

4

5

6

a le boucher

b le boulanger

c le psychologue

d le professeur

e le technicien du spectacle

f le médecin

Production

4 Décris cette photo.

Légendes et phénomènes étranges à Paris

Le fantôme des Tuileries

Au XVIe siècle, la Reine Catherine de Médicis décide de faire construire un palais près du Louvre. Là, on trouve à l'époque des fabriques de tuiles qui datent du Moyen Âge : c'est pour cela que ce lieu s'appelle les Tuileries. Ici aussi, on trouve un petit manoir et un abattoir qui appartient à un homme appelé Jean. Cet homme est surnommé l'écorcheur car il est boucher de métier. Jean refuse de quitter son lieu de travail pour la Reine. Il considère qu'on ne lui donne pas assez d'argent en compensation. Il dit aussi qu'il connait des secrets de la Reine : elle aurait fait tuer des gens dans l'abattoir du boucher… Catherine décide de faire assassiner cet homme qui dérange* ses plans. Cependant, en mourant Jean promet de revenir et de hanter les lieux. Il prédit la mort de Catherine et fait peur à d'autres locataires tout au long de l'histoire. À chaque fois, c'est sous la forme d'un homme en rouge qu'il serait apparu.

Le fantôme de l'Opéra

En 1873, Ernest, un jeune pianiste est brûlé dans un incendie au conservatoire de musique de la rue Le Peletier. Sa fiancée, une ballerine, est tuée par les flammes. Triste et inconsolable, le pianiste se réfugie dans les souterrains de l'Opéra Garnier qui est alors en construction. On raconte que Ernest est resté jusqu'à sa mort dans ce lieu et qu'il consacrait son temps à son œuvre : un hymne à l'amour et à la mort. D'étranges évènements se produisent pendant cette période dans ce lieu : en 1896, le grand lustre tombe et tue un spectateur assis à la place numéro 13, une autre fois un machiniste est retrouvé pendu, une danseuse meurt dans une galerie…et une chanteuse raconte même qu'elle est en relation avec le fantôme… Le cadavre d'Ernest n'a jamais été retrouvé. En 1910, Gaston Leroux, un écrivain, écrit un roman inspiré de cette légende.
C'est *Le Fantôme de l'Opéra*.

Déranger : troubler le bon fonctionnement

Les stations fantômes du métro parisien

Pendant la Seconde Guerre Mondiale, la ville de Paris ferme des stations de métro par manque de personnel. Certaines stations n'ont jamais été remises en service car elles étaient peu fréquentées. Il existe aussi des stations qui ont été construites, mais n'ont jamais accueilli de voyageurs. La station Porte des Lilas-Cinéma est utilisée uniquement pour des tournages de films. Ces stations sont donc devenues des lieux énigmatiques et laissent libre court à l'imagination.

Les catacombes

Paris possède 350 kilomètres de galeries souterraines. On peut les visiter officiellement depuis 1806. Le départ a lieu à Denfert-Rochereau mais on ne peut voir que 1,7 kilomètres sur les 350 ! Mais qu'y a-t-il dans la partie cachée au public ? Certaines salles ont été aménagées avec des sculptures et les murs sont recouverts de graphes et de fresques. Les personnes qui viennent là en cachette ont une passion pour l'aventure, c'est certain. On les appelle des *cataphiles*. Il faut aimer le goût de l'interdit, marcher plié en deux, être muni d'une lampe torche, ne pas avoir peur d'être mouillé… La température est de 12°C et il n'y a pas un bruit. Il ne faut pas avoir peur car on tombe vite sur des abris anti-aériens, des bunkers allemands ou encore des ossuaires… Certains espaces ont été emménagés : on peut voir une grande salle ornée de gargouilles, d'une table et de bancs. Il se passe de drôles de choses sous terre…

1 Le musée du Quai Branly

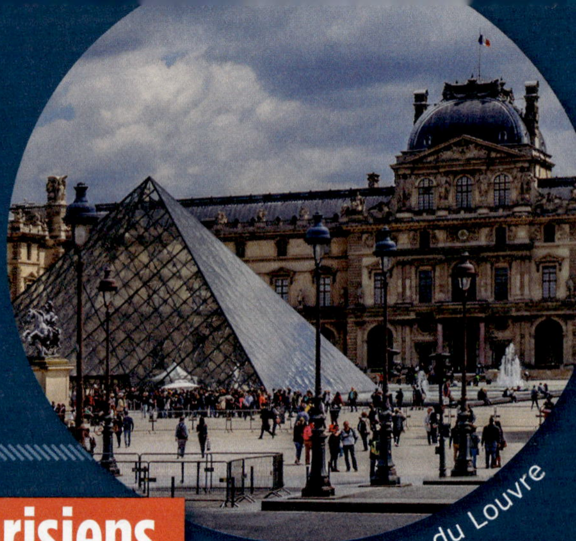
2 Le musée du Louvre

Gros Plan

Les musées Parisiens

Lis les informations et anecdotes et indique de quel musée il s'agit. Ensuite, présente un musée à l'oral à ta classe.

Musées	Informations et anecdotes
☐	Avant d'être un musée, c'était un château fort.
☐	Renzo Piano et Richard Rogers conçoivent un immeuble ultra-moderne dans les années 1970.
☐	C'est le musée qui abrite la plus importante collection de peintures impressionnistes.
☐	Il est installé dans une vieille orangerie, bâtie en 1852 pour abriter les agrumes du jardin des Tuileries en hiver.
☐	En 1810, ce palais abrite le Conseil d'État et la Cour des comptes. En 1871, suite à un incendie le lieu est abandonné.
☐	C'est le plus grand musée d'art et d'antiquités du monde !
☐	La façade est recouverte de tuyaux et un rooftop domine la ville.
☐	C'est un centre d'art multiculturel.
☐	On peut y admirer des chefs-d 'œuvres comme la Joconde de Léonard de Vinci, la Vénus de Milo, la Victoire de Samothrace ou encore toutes les œuvres de l'Égypte ancienne.

Musées	Informations et anecdotes
☐	C'est le premier musée qui abrite une section consacrée à la photographie.
☐	Il devient un musée en 1773.
☐	Il se situe près de la Tour Eiffel.
☐	Claude Monet aménage l'intérieur du bâtiment et réalise un superbe ensemble mural : le cycle des Nymphéas.
☐	La galerie principale est plongée dans l'obscurité afin de protéger les objets de la lumière du soleil.
☐	En 1900, le lieu devient une gare.
☐	Il préserve environ 370 000 œuvres originaires d'Afrique, du Proche-Orient, d'Asie, d'Océanie et des Amériques.
☐	Une grande partie de l'espace est consacrée à l'art premier : il s'agit de peintures, sculptures, masques, bijoux et textiles d'art traditionnel africain, américain, asiatique et océanique.
☐	La gare devient un musée en 1986.
☐	Il présente une collection de plus de 35 000 œuvres sur 60 000 m².
☐	Il se situe dans le jardin des Tuileries.

3 Le musée de l'Orangerie

4 Le centre Pompidou

5 Le musée d'Orsay

Faisons le point

Coche les affirmations correctes.

1 ☐ Lucie découvre le musée de l'Orangerie et les Nymphéas de Monet pendant une sortie scolaire.
2 ☐ Lucie écoute avec attention tout ce que raconte la prof.
3 ☐ Le meilleur ami de Lucie s'appelle Elias.
4 ☐ Lucie adore l'art.
5 ☐ Dans une galerie d'art contemporain, Lucie voit un tableau étrange.
6 ☐ Sam est le petit frère de Lucie.
7 ☐ Sam et Lucie habitent avec leur mère.
8 ☐ Maya est une petite fille que Lucie garde.
9 ☐ Lucie aide les parents de Maya pendant son anniversaire.
10 ☐ Lucie dort chez Maya après la fête d'anniversaire.
11 ☐ Lucie passe par le jardin des Tuileries pour rentrer chez elle et tout va bien.
12 ☐ Amanda raconte comme Lucie qu'elle a vu une ombre rouge dans le jardin des Tuileries.
13 ☐ Lucie, Amanda, Ester et Lily vont au parc pour s'amuser.
14 ☐ Dans le parc, un vent glacial se met à souffler et emporte tout.
15 ☐ Lucie discute beaucoup avec son père et écoute tout ce qu'il lui raconte.
16 ☐ Avant d'aller à la fête, Lucie va garder Maya.
17 ☐ Le soir, il y a un violent orage.
18 ☐ Lucie passe la soirée au téléphone avec ses copines.
19 ☐ Lucie a de la fièvre : elle est malade.
20 ☐ Le père de Lucie travaille sur un spectacle dans le jardin des Tuileries.
21 ☐ Le fantôme n'existe pas.
22 ☐ Amar est amoureux de Lucie.
23 ☐ Les parents de Lucie restent ensemble.
24 ☐ Lucie et Amar ont beaucoup de goûts en commun.

Contenus

Vocabulaire
- Les caractéristiques physiques
- Les émotions
- La maison
- La météo
- La maladie
- Les métiers

Grammaire
- La forme féminine
- Le gérondif
- Le passé composé
- Le conditionnel et le futur
- Le futur

Lectures ELI Juniors

Niveau 1
Maurice Leblanc, *Arsène Lupin le gentleman cambrioleur*
Maureen Simpson, *À la recherche de l'ami disparu*
Théophile Gautier, *Le Capitaine Fracasse*
Dominique Guillemant, *Le chant magique*
A. De Saint-Exupéry, *Le Petit Prince*
Charles Perrault, *La Barbe bleue*
Domitille Hatuel, *Au coeur de la Guyane*
Domitille Hatuel, *Aventure en Savoie*

Niveau 2
Alexandre Dumas, *Les Trois mousquetaires*
Jules Renard, *Poil de Carotte*
Maria Luisa Banfi, *La terre est ronde*
Maria Luisa Banfi, *Le Souvenir d'Égypte*
Anonyme, *Tristan et Yseult*
Chrétien de Troyes, *Perceval ou le conte du Graal*
Domitille Hatuel, *Intrigue au cirque*
Jules Verne, *Deux ans de vacances*
Domitille Hatuel, *Je t'aime Paris !*
Domitille Hatuel, *Le Tour de Jean*
Dominique Guillemant, *Les quatre saisons en fête*
Louis Pergaud, *La guerre des boutons*
Domitille Hatuel, *Le piano de Margot*
Comtesse de Ségur, *Les malheurs de Sophie*
Domitille Hatuel, *Le fantôme des Tuileries*

Niveau 3
Gaston Leroux, *Le Fantôme de l'Opéra*
Anonyme, *Le Roman de Renart*
Prosper Mérimée, *La Vénus d'Ille*
Maureen Simpson, *Destination Karminia*
Mary Flagan, *Le journal de Valérie*